AF263769

LA RÉUNION DE LA GARE DE LYON

Le 23 Octobre 1909

✿ ✿ ✿

Vingt Années de Législature

DÉPOT LÉGAL
No 1691
1910

✿ ✿ ✿

DISCOURS

PRONONCÉS PAR LES CITOYENS

A. MILLERAND

Député du XIIe Arrondissement, Ministre des Travaux Publics,
des Postes et des Télégraphes.

F. BUISSON, THIERRY-CAZES, Députés.

RENÉ VIVIANI

Ministre du Travail et de la Prévoyance Sociale.

Vingt Années de Législature

Le 23 octobre 1909, au buffet de la gare de Lyon,
les électeurs républicains socialistes de la première
circonscription du XII° arrondissement ont fêté, sous
la présidence du citoyen Viviani, ministre du Travail,
la vingtième année du mandat législatif, comme représentant au Parlement la première circonscription
du XII° arrondissement, du citoyen A. Millerand, ministre des Travaux publics, des Postes et Télégraphes.
C'est le Comité républicain socialiste de la première
circonscription du XII°, sous les auspices duquel s'est
toujours présenté le citoyen Millerand, qui avait pris
l'initiative de cette manifestation.

Plus de quinze cents personnes avaient répondu à
l'appel des organisateurs. On remarquait, à côté des
électeurs du XII°, un grand nombre de notabilités ap-
partenant au monde politique et parlementaire, des
membres de groupes politiques et d'organisations ouvrières, cheminots et postiers. Dans l'assistance se
trouvaient également de nombreux amis personnels
du ministre des Travaux publics.

On notait la présence au premier rang. de MM. Ferdinand Buisson, Chautard, Ch. Deloncle, Leboucq,
Puech, Viollette, Le Foyer, Steeg, Breton, Thierry-
Cazes, Desplas, députés, Eugène Baudin, ancien député du Cher, André Lefèvre, Pierre Morel, Hep-
penheimer, Henri Turot, Fleurot, Salmon, conseillers
municipaux, Lavy, ancien député, Sabot, maire du
XII° arrondissement, Caillette, Cuvillier, Olivier, Rabiet et Petitjean, maires-adjoints, Guérard, ex-se-

crétaire général du syndicat national des chemins de
fer, Briat, secrétaire général de la Chambre consul-
tative des Associations ouvrières de production,
Faralicq, président de l'Association fraternelle des
employés de chemins de fer, Roussin, président de
la XII° section des employés de chemin de fer
P.-L.-M.

La presse était représentée par des rédacteurs ap-
partenant à tous les grands journaux de Paris et de
la province et par les correspondants de tous les
grands journaux étrangers. On remarquait notamment MM. Marius Gabion, rédacteur au *Temps*,
Gaston Cagniard, rédacteur en chef de la *Petite République*, Edmond Claris, rédacteur en chef du *Radical*, etc., etc.

MM. René Waldeck-Rousseau, Raoul Persil,
Marlio, P.-L. Garnier, Le Vayer, etc., collaborateurs
immédiats du citoyen Millerand, au ministère des
Travaux publics, avaient également tenus à lui ap-
porter leur témoignage d'affection.

Salué à son entrée par les applaudissements una-
nimes de l'assistance, le citoyen Millerand a pris
place à la droite du ministre du Travail et de la Prévoyance sociale.

C'est le citoyen Biney, président du Comité républicain socialiste de la première circonscription du
XII° arrondissement, qui a pris, le premier, la parole
en ces termes :

« Citoyens,

« Au début de cette réunion, je vous demanderai la per-
« mission de dire quelques mots, très brefs, car vous ne me
« pardonneriez pas d'être assez imprudent de me risquer à
« un discours en présence des hommes politiques éminents,
« des orateurs de talent, que nous avons la bonne fortune de
« compter parmi nous ce soir.

« Lorsque, à notre réunion de juillet dernier, vous avez

— 5 —

« décidé de laisser à votre Bureau le soin d'organiser, pour
« la rentrée d'octobre, cette manifestation, en l'honneur du
« vingtième anniversaire de mandat législatif de notre élu,
« nous ne pensions alors qu'au député du XII° arrondisse-
« ment. Il se trouve que les événements nous ont favorisés
« depuis, puisque nous pouvons féliciter aujourd'hui notre
« ami Millerand, — et nous réjouir nous-mêmes, — de le
« retrouver au Gouvernement comme ministre des Travaux
« Publics, des Postes et des Télégraphes.

« Je ne répondrais pas au sentiment général si je tardais
« davantage à adresser nos remerciements aux élus républi-
« cains de Paris et de la Seine qui nous ont fait le plaisir
« d'accepter, en aussi grand nombre, l'invitation du Comité
« à notre fête amicale de ce soir en l'honneur d'un autre élu
« de Paris et qui ont voulu donner ainsi à M. Millerand un
« témoignage de leur sympathie.

« Au citoyen Viviani, ministre du Travail et de la Pré-
« voyance sociale, qui a laissé parmi nos amis du XII° le
« plus cordial souvenir ;

« Aux citoyens Puech, Desplas, Le Foyer, Buisson, Le-
« boucq, Steeg, Chautard et Deloncle, députés de la Seine ;
« Viollette et Thierry-Cazes, députés ;

« Aux citoyens Pierre Morel, Fleurot, D' Salmon, Henri
« Turot, Heppeinhemer, conseillers municipaux de Paris ;

« A la municipalité du XII° : M. A. Sabot, maire ;
« MM. Caillette, Cuvillier, Olivier, Rabiet et Petitjean,
« maires-adjoints.

« Merci également à MM. les représentants de la Presse
« qui ont bien voulu assister à notre réunion.

« Merci aussi à tous nos invités, aux représentants des
« syndicats et associations et à tous nos amis qui m'excuse-
« ront de ne pas les nommer, car, c'est le cas de le dire, ils
« sont trop nombreux.

« Je ne puis cependant, au risque de blesser sa modestie,
« ne pas dire à notre cher président d'honneur, mon vieil
« ami Lachambeaudie, fondateur de notre Comité, la joie
« que nous avons tous de le voir parmi nous, ce soir. Les
« services rendus à notre cause et aux citoyens du XII° par
« cet excellent militant, son aimable complaisance et son

« inaltérable dévouement lui ont valu les sentiments de gra-
« titude et le souvenir reconnaissant de tous nos amis. Je
« suis heureux de profiter de cette circonstance pour les lui
« exprimer ici publiquement.   (*Vifs applaudissements.*)

« Citoyens. j'ai aussi à vous présenter les excuses du
« citoyen Édouard Lockroy, député du XI°, retenu loin de
« Paris par son état de santé, et qui m'a adressé la lettre
« suivante :

« Mon cher Président,

« Je vous remercie de l'aimable invitation que vous avez
« bien voulu m'adresser, au nom du Comité républicain so-
« cialiste de la 1ʳᵉ circonscription du XII° arrondissement,
« d'assister au punch d'honneur destiné à fêter la 20° année
« de représentation à la Chambre de M. Millerand.

« C'eût été pour moi une véritable joie que de venir à
« cette fête républicaine et y exprimer les sentiments d'af-
« fectueuse sympathie que je n'ai jamais cessé d'éprouver pour
« votre éminent représentant.

« Les services que M. Millerand a rendus et rend encore
« chaque jour à la démocratie et à la République, sont de
« ceux qui honorent une carrière et commandent l'estime et
« l'admiration de tous les républicains.

« Veuillez, etc...

« EDOUARD LOCKROY. »

« Citoyens,

« Nous fêtons ce soir la vingtième année de représentant
« de la 1ʳᵉ circonscription du XII° de notre élu, mais pour
« être complets, nous pourrions presque célébrer ses noces
« d'argent de député. En effet, s'il représente le XII° arron-
« dissement depuis 1889, le citoyen Millerand avait été élu,
« une législature précédente, en 1885, député de Paris, au
« scrutin de liste. De sorte qu'il siège à la Chambre depuis
« 24 ans exactement, dont 20 années comme représentant des
« Quinze-Vingts-Bercy.

« Ces vingt années de luttes communes pour la défense
« d'un idéal politique qui est le nôtre, ont permis aux élec-
« teurs d'apprécier leur élu. Ils connaissent son intelligente

« et active impulsion, son esprit de méthode et sa persévé-
« rante énergie.

« A ceux d'entre nous qui l'ont approché de plus près,
« il a su inspirer, par la droiture et l'élévation de son carac-
« tère, l'amitié la plus solide et le dévouement le plus affec-
« tueux.

« Aussi, est-ce avec confiance, je dois dire avec une cer-
« titude absolue de succès, — certitude partagée par nos
« adversaires eux-mêmes, — que le Comité demandera à nos
« concitoyens, au mois de mai prochain, de renouveler au
« citoyen Millerand, son mandat de député.

« Sans vouloir retracer ici l'œuvre politique de Millerand,
« sans parler de l'heureuse impression que son arrivée au
« ministère des Travaux Publics, des Postes et Télégraphes
« a produite autant du côté du personnel des P. T. T., où son
« esprit de bienveillance et de justice a amené l'apaisement,
« que parmi le public qui se loue des heureuses initiatives
« et des réformes pratiques déjà réalisées dans le service des
« Postes, nous pouvons dire que notre candidat apporte à ses
« électeurs, non de vaines et vagues paroles, non de creuses
« déclarations, mais des actes et des réalités. Ils renverront
« au Parlement ce bon ouvrier de la démocratie qui les repré-
« sentera, comme par le passé, avec talent et avec éclat ! »
(Vifs applaudissements.)

M. Félix Benoît, un militant des luttes républicai-
nes, a prononcé ensuite l'allocution très applaudie
que voici :

« Citoyens,

« Un souvenir de vingt ans.

« C'était en 1890, à Tours, au banquet de la Fédération
« des travailleurs des Chemins de fer français que j'eus
« l'honneur de présider, que j'entendis pour la première fois
« votre vaillant député.

« La tourmente boulangiste avait égaré un grand nombre
« d'esprits et avait fait des ravages dans les rangs des tra-
« vailleurs de la voie ferrée. Le citoyen Millerand leur ap-

« porta de sages conseils et éleva leurs cœurs et leur foi dans
« la République.

« La bonne parole porta ses fruits : les camarades de
« Tours comprirent leur erreur et revinrent se placer sous
« les plis du drapeau républicain.

« Depuis le discours de Tours, vingt années sont passées ;
« mais le citoyen Millerand, s'il a vu ses cheveux blanchir,
« n'a pas varié dans ses convictions et son ardent amour
« pour la République.

« C'est avec l'appui de républicains tels que votre député,
« citoyens, que la République est sortie victorieuse des ba-
« tailles qui lui ont été livrées et dont le boulangisme, le
« nationalisme et actuellement la ligue des mitrés français
« dirigée par le pape napolitain, sont les principaux assauts.

« C'est grâce aux républicains comme le citoyen Mille-
« rand que la République est entrée dans la période féconde
« des réalisations.

« C'est en l'honneur du citoyen Millerand, du vingtième
« anniversaire de son élection de député du XII° arrondis-
« sement que vous vous êtes réunis, citoyens.

« Permettez-moi de lever mon verre à votre élu, au ci-
« toyen Millerand, que vous réélirez en mai 1910, à une
« imposante majorité. »

Puis, M. Ferdinand Buisson prend la parole, à
titre de doyen d'âge, au nom des députés républicains
de Paris, et prononce un éloquent discours dont voici
les plus importants passages :

« Je constate, dit M. Buisson, avec quelle unanimité, nous
« sommes heureux de venir saluer, dans le Ministre, un com-
« pagnon d'armes et un ami éprouvé que nous retrouvons
« aujourd'hui le même qu'il y a vingt ans. »

Puis, retraçant la politique si hardie dans sa sagesse ou si sage dans ses audaces dont M. Millerand a donné l'exemple avec une si ferme unité de
direction, Buisson le montre fidèle à une ligne de
conduite qui fait son originalité. Journaliste, dé-

puté d'opposition, théoricien de son parti, ministre
de Waldeck-Rousseau, président de commissions,
Millerand a toujours le même mépris des vaines paroles, la même volonté de réalisations sérieuses.

Entre autres souvenirs. Buisson se plaît à rappeler une conférence familière, faite non loin d'ici, à
la « Coopération des Idées », que Millerand commen-
çait par ces mots :

« Dans un pays de démocratie, il n'y a pas d'intérêt supérieur à celui de l'éducation des citoyens :
Faire l'éducation du peuple, c'est le premier devoir
de la République. »

« Peut-être, il y a quelques semaines, dit le député du
« XII°, n'aurais-je pas pensé à relever particulièrement ces
« paroles, tant la cause de l'école semblait gagnée. Mais,
« quelle actualité ne reprennent-elles pas à une heure où
« nous venons de voir tomber un homme dont le vrai crime
« était d'avoir importé de l'autre côté des Pyrénées l'école
« laïque et l'esprit laïque! Chez nous-mêmes, voici que
« renaissent les batailles que nous devions croire finies contre
« l'œuvre scolaire de la République. »

L'orateur aime à retrouver Millerand au premier
rang de ses défenseurs.

« Avec la République laïque, poursuit M. Buisson, Mil-
« lerand continuera de servir énergiquement la République
« démocratique. Il est de ceux qui n'opposent pas l'un à
« l'autre ces deux mots : l'ordre et la liberté. Il sait qu'il
« n'y a qu'un moyen de faire l'ordre, c'est la liberté. Et il
« sait aussi qu'il n'y a pas de liberté vraie en démocratie
« sans les associations.
« Du reste, c'est ce besoin de liberté qui a fait naître
« dans le personnel des employés de tous les services publics
« la nécessité du groupement.
« On comprend que la venue de Millerand, qui a tou-
« jours pratiqué cette politique d'organisation, ait provo-

« qué les marques de confiance dans le monde du travail
« administratif.

« Nous reconnaissons en vous, dit Buisson, un initia-
« teur pratique voulant des résultats dont le pays ne puisse
« nier ni la justice, ni l'utilité.

« Il est d'usage, termine le député de la Seine, de diviser
« les républicains dont vous êtes en deux classes : les révolu-
« tionnaires et les réformistes. Volontiers on vous range
« parmi ces derniers ; terminologie bien superficielle, clas-
« sification inexacte ; elle vient de ce qu'on ignore trop sou-
« vent que la Révolution n'est pas terminée, qu'elle se con-
« tinue chaque jour. Il est vrai qu'elle se fait autrement que
« jadis. Nos pères durent agir par l'émeute ou la barricade.
« Nous, grâce au suffrage universel, nous avons des armes
« bien autrement redoutables : le procédé de notre âge est
« d'incorporer, jour après jour, à la substance même de la
« République, quelque chose et quelque chose encore de la
« Révolution. En matière politique et économique, fiscale et
« électorale, scolaire et militaire, nous faisons, vous faites
« la Révolution à coups de réformes. Les réformistes comme
« vous sont les vrais révolutionnaires. »
(Vifs applaudissements.)

M. Thierry-Cazes, député radical-socialiste du
Gers, se lève à son tour et prononce une vibrante
allocution :

« Je comprends, dit-il, votre légitime impatience d'en-
« tendre le verbe lumineux de votre éminent représentant,
« et je serai très bref, bien que Méridional. *(Rires.)*
« Mon distingué collègue et ami, le citoyen Ferdinand
« Buisson, vous a dit la sympathique admiration de la dé-
« mocratie parisienne pour votre élu de vingt ans. Vous
« permettrez à un représentant de la province — sûr de
« n'être démenti par aucun de ses collègues républicains —
« d'affirmer que c'est la démocratie de France tout entière
« qui s'associe à vous, ce soir, pour fêter Millerand, l'homme
« d'Etat prudent et grave, le grand républicain de bon sens
« et de raison, le puissant orateur d'esprit droit et de dialec-

« tique prenante, le socialiste posiiif et pratique, poursui-
« vant méthodiquement son idéal de « réalisations sociales »
   (*Vifs applaudissements.*)
   « Le Gers, en particulier, vous porte aujourd'hui, par ma
« voix, le témoignage de son admiration et de sa reconnais-
« sance, car mes compatriotes se souviendront toute leur vie
« de la visite de Millerand. Son admirable discours de Fleu-
« rance — présent à notre esprit et gravé dans nos cœurs —
« fit faire un grand pas en avant à la démocratie du Gers,
« qui s'est réjouie du retour aux affaires de votre député,
« dont vous devez être d'autant plus fiers qu'on a pu dire,
« fort justement, « qu'il manquait quelqu'un dans les con-
« seils de la République lorsque Millerand n'y était pas. »
   (*Applaudissements répétés.*)
   « Je veux être tout entier à la joie sans mélange qui nous
« réunit ce soir, ici, et, après avoir payé ma dette à votre
« élu, je vous salue bien haut, républicains socialistes du
« XII° arrondissement, et je vous félicite d'une fidélité qui
« vous honore, autant qu'elle flatte votre représentant de
« vingt ans !
   « Vive Millerand ! Vive le XII° ! Vive la République
« démocratique sociale ! »
   (*Triple salve d'applaudissements.*)

   Le ministre du Travail et de la Prévoyance sociale
se lève alors. Un grand silence se fait, et c'est
au milieu de l'émotion générale que le citoyen Viviani prononce cet admirable et puissant discours :

Discours de VIVIANI

   « Citoyens,

   « J'ai reçu avec joie l'aimable invitation que vous avez
« bien voulu m'adresser, et j'ose dire que parmi ceux que
« vous avez conviés à cette fête, il en est peu qui pouvaient
« invoquer des titres supérieurs aux miens. Il y a bientôt
« vingt ans que le député dont vous fêtez ce soir le vingt-

« cinquième anniversaire voulait bien m'admettre parmi
« ses collaborateurs, et peu à peu transformer ce collabora-
« teur en ami. Si tenace était cette collaboration, que trois
« ans plus tard, lorsqu'à mon tour, grâce à l'ardeur des ré-
« publicains et des socialistes, je franchissais le seuil du
« Palais Bourbon, elle survécut à mon élection, et que je
« demeurai l'ami sincère d'un « patron » dévoué. Aussi, il
« me se[...] je devais apparaître dans cette fête, et que
« j'ava[...] droit d'y prendre la parole.

« C[...]yens, lorsqu'il y a 25 ans, Millerand fut par vous
« délégué à la Chambre des députés, il conquit du premier
« coup, dans l'estime publique, une place privilégiée. Il
« devait cette rapide conquête, certes, à cette éloquence sobre
« et forte qui sait où elle va, comment elle va, où elle s'ar-
« rêtera, qui cherche le but en dédaignant l'éclat qui lui
« vient par surcroît, et à qui il importe peu de plaire, pourvu
« que le résultat soit atteint. Mais j'ose dire, même devant
« lui, qu'à cause des nobles rivalités d'éloquence qui plaçaient
« en face de lui des concurrents redoutables, son don ora-
« toire n'aurait pas suffi, dans ces premières années, à lui
« donner le premier rang. Ce qui fut tout de suite saisissant
« chez Millerand, c'est la méthode : il prouva qu'on peut
« défendre les causes généreuses, sans emprunter à une sen-
« timentalité banale, en faisant appel seulement à la cons-
« cience ; qu'on peut défendre la cause du pauvre sans se
« croire obligé d'outrager le riche ; qu'on doit servir le pro-
« létariat sans jeter à ses pieds les louanges, lui donnant rai-
« son, lui donnant tort, selon les cas, trop fier d'être son
« serviteur, pour jamais consentir à devenir son courtisan.

« Avec ces qualités souveraines, Millerand travailla, non
« pas à former le parti socialiste que ses propagandistes et
« ses apôtres avaient développé dans le pays, mais à le coor-
« donner, à le discipliner, à le constituer en parti parlemen-
« taire, à lui révéler chaque jour, par son exemple, qu'un
« grand parti doit savoir prendre les responsabilités, s'as-
« souplir à la discipline des assemblées, montrer à tous que
« rien ne lui peut être étranger. Et, non content d'être à la
« tribune de la Chambre l'un des interprètes les plus auto-
« risés du parti socialiste, il se répandait au dehors dans une

« propagande intensive. Et si je me rappelle ces heures, si
« je me rappelle cette propagande à laquelle je participais,
« je me rappelle du même coup bien des paroles sages et
« nettes qui valaient, qui valent encore de circuler dans le
« prolétariat comme un mot d'ordre. « La République, di-
« sait Millerand, est l'expression politique du socialisme qui,
« lui, est l'expression sociale de la République. » Qu'est-ce
« à dire, et qui peut ajouter ou retrancher à de pareilles
« paroles? Cela veut dire qu'avant tout doit vivre la Répu-
« blique, qu'elle mérite tous les sacrifices et tous les hom-
« mages, que c'est seulement par un acte sacrilège que le
« socialisme en pourrait être arraché ; cela veut dire que les
« hommes de notre temps ne doivent jamais oublier tout ce
« qu'ils doivent à la liberté de penser, de parler, d'écrire,
« que par là s'est affermie leur conscience, élevé leur esprit,
« accru la noblesse humaine et que, si nous pouvons tourner
« notre activité vers les problèmes sociaux, c'est parce que la
« République a résolu, en grande partie, ces problèmes poli-
« tiques que les autres nations discutent à peine. « Le socia-
« lisme est l'expression sociale de la République. » Qu'est-ce
« à dire, sinon que la République se manquerait à elle-même,
« oublierait que des millions d'hommes ont placé en elle leurs
« espérances, si elle négligeait les réformes sociales par les-
« quelles, en brisant les vieilles chaînes qui tiennent encore
« l'humanité captive, nous ferons de l'homme un être com-
« plètement libre, fier à la fois de son affranchissement poli-
« tique et de son affranchissement économique.

« Et Millerand disait encore : « Il faut avoir peur de
« faire peur. » Qu'est-ce à dire ? Cela ne signifie pas qu'il
« faut celer sa pensée, la modeler selon les circonstances, ne
« pas affirmer sa conviction, mais se rappeler qu'en dehors
« des auditoires frénétiques où se déchaînent les applaudis-
« sements et les outrages, il y a la France, ses villes, ses vil-
« lages, ses hameaux, toutes les agglomérations lointaines
« où l'on exploite contre nous la misère et l'ignorance ; que
« c'est frapper de stérilité le progrès social que de servir sa
« cause par des outrances de parole; que, devant lui, s'il est
« enveloppé du cortège des violences et des débordements,
« tous les prétextes rétrogrades se dressent; qu'il a besoin

« pour avancer, quelquefois même, à certaines heures, pour
« se traîner, d'apparaître dans un pays calme et prospère.

« Mais, qu'est-il besoin de parler politique? Et comment
« ai-je pu essayer de présenter Millerand à ces électeurs
« fidèles, à ces militants vieillis qui l'ont soutenu à l'aurore
« de sa vie politique, à ces jeunes hommes qui, tout enfants,
« ont appris à prononcer son nom? Que puis-je leur ap-
« prendre? Peut-être, cependant, aurais-je le droit de me
« souvenir que je ne suis pas seulement ici comme député,
« comme ministre, mais comme ami, et me rappeler qu'un
« mandat bien doux me fût donné que je ne veux pas trahir.
« Si je jette les yeux sur cette assemblée, j'y découvre des
« camarades, des amis, dont l'opinion n'est pas semblable à
« celle de Millerand, sur toutes matières. Ils me garderaient
« rancune si je ne me faisais pas le public interprète de leurs
« sentiments secrets.

« Ils sont venus honorer en Millerand l'ami fidèle.

« Le long effort de sa volonté et comme une timidité natu-
« relle semblent entourer son âme d'une enveloppe glacée.
« Mais pour ceux qui, comme moi, ont pu percer cette rude
« enveloppe, quelle révélation délicieuse tenait en réserve un
« cœur délicat et ardent! A l'heure des joies ou des misères,
« Millerand est là, et même si le cours des années ou l'éloi-
« gnement ont suspendu ou refroidi les relations amicales,
« il est encore là, et d'un regard, d'une poignée de mains,
« d'un mot, il exprime plus de sentiments qu'un autre le
« ferait par un long discours. C'est donc aussi l'ami que
« nous fêtons, que nous saluons... Mais je manquerais à un
« autre devoir si je m'arrêtais là. Voyez-vous, mes amis,
« nous sommes tous des égoïstes. Lorsque nous nous réunis-
« sons autour d'un homme public, nous saluons sa vie, sa
« carrière, ses efforts, ses succès, et nous oublions que sur le
« rude chemin, il ne fût jamais seul, et nous n'apercevons
« jamais celle qui, à l'heure des triomphes, après avoir pris
« sa part des amertumes, se dérobe dans l'ombre pudique du
« foyer. Je vous demande la permission d'associer respec-
« tueusement à cette fête, dont Millerand est le héros, la
« compagne qui lui créa un doux asile tout peuplé d'enfants
« joyeux!...

« Et maintenant, citoyens, buvons à la République, à la
« République laïque et sociale, à celle qui fera de nos fils
« des citoyens dignes d'une démocratie! »

Une acclamation unanime salue la péroraison de
ces émouvantes paroles. Le citoyen Millerand se
lève alors et, d'une voix ferme qui, d'instant en instant, deviendra plus vibrante, fait entendre ce discours :

Discours de MILLERAND

Mes chers concitoyens,

« Voulez-vous me permettre de dire : Mes chers amis,
« C'est pour moi une joie profonde et la large récompense
« de mon travail et de mes luttes de vingt années que la réu-
« nion de ce soir.
« Je n'ai qu'à jeter les yeux autour de moi pour recon-
« naître dans cet auditoire, à côté de mes collègues du Par-
« lement, de nos amis du conseil municipal, de la munici-
« palité de cet arrondissement, les compagnons et les témoins
« des combats menés pour la République, de 1889 jusqu'à ce
« ce jour, dans cette circonscription.
« Depuis que je suis venu demander au douzième arron-
« dissement de me maintenir, après l'abrogation du scrutin
« de liste, le mandat que m'avait confié, en décembre 1885,
« le département de la Seine, je les ai toujours trouvés à mes
« côtés, fidèles et dévoués à la grande cause dont nous som-
« mes les serviteurs modestes, mais passionnés.
« Au cours de cette longue période, il était inévitable
« qu'il se produisît entre nous des désaccords sur des ques-
« tions d'application ou de tactique.
« La confiance mutuelle, la franchise absolue qui ont
« toujours été la règle de nos rapports n'ont pas permis que
« ces légères et éphémères dissidences altérassent jamais des
« relations fondées sur l'estime et, je puis bien dire aujour-
« d'hui, sur l'affection réciproques.

« Vous avez compris, mes chers amis, et quel plus bel
« éloge des électeurs de cette circonscription, que votre repré-
« sentant ne pouvait mieux servir son parti et son pays qu'en
« n'hésitant pas à dire toujours et sans réserve ce qui lui
« paraissait la vérité, au risque d'être accusé parfois de se
« séparer pour un moment du gros de l'armée.

« Lorsque, le 6 octobre 1889, cette circonscription m'a,
« pour la première fois, élu pour son député, je me présen-
« tais à elle comme républicain socialiste ; nous sommes en
« 1909, votre représentant n'a changé ni d'étiquette, ni
« d'opinions : qu'on prenne le discours qu'en mai 1896 je
« prononçais à Saint-Mandé au nom du Parti socialiste ;
« qu'on scrute ma collaboration, de 1899 à 1902, au cabinet
« Waldeck-Rousseau ; qu'on interroge mes actes et mes pa-
« roles depuis que j'ai l'honneur de faire partie du cabinet
« actuel, on ne relèvera, j'ai la fierté de le dire, entre hier
« et aujourd'hui, aucune contradiction.

Les P. T. T.

« Lorsque mon ami Briand m'a fait le grand honneur de
« me demander d'entrer dans le cabinet qu'il était chargé de
« constituer, je n'ai pas hésité à le prier de me confier, sans
« l'aide d'un sous-secrétaire d'Etat, le département des Tra-
« vaux publics, des Postes et des Télégraphes.

« Je ne me suis pas dissimulé, à ce moment, le poids du
« fardeau dont je me chargeais ; j'y étais sollicité par plus
« d'une considération. Je n'ai jamais séparé la réalisation
« nécessaire des réformes sociales de l'amélioration de notre
« outillage économique et du développement de la prospérité
« nationale. Nulle part peut-être plus qu'aux Travaux pu-
« blics je ne trouvais ces préoccupations étroitement asso-
« ciées.

« Une circonstance d'actualité m'inclinait d'ailleurs à
« accepter ce portefeuille. Pendant trois ans, j'avais eu,
« comme ministre du Commerce, l'honneur d'être placé à la
« tête du personnel des Postes et des Télégraphes. Je l'avais
« hautement apprécié, et jamais entre lui et moi ne s'était

« élevée l'ombre d'une difficulté; j'avoue avoir été tenté par
« le désir de reprendre sa direction à une heure difficile,
« alors que des circonstances sur lesquelles je ne veux pas
« revenir avaient jeté sur l'ensemble de ce personnel comme
« une suspicion, que je savais bien qu'il ne méritait pas.

« Je ne crois pas être taxé d'un optimisme excessif en
« disant qu'aujourd'hui le calme, l'ordre sont définitivement
« revenus dans les rangs de ce grand personnel et qu'il n'a,
« comme celui qui vous parle, qu'une ambition : celle de
« remplir si bien sa tâche, d'accomplir avec tant d'applica-
« tion et de zèle ses délicates fonctions, que la confance et
« la reconnaissance publiques lui soient pour jamais acquises.

Les chemins de fer.

« A côté du personnel des postes, il en est un autre dont
« le sort intéresse directement le ministre des Travaux pu-
« blics : c'est celui des chemins de fer.

« En dehors même des agents des deux réseaux de l'Etat,
« l'ancien et le nouveau, le personnel des autres compagnies
« de chemins de fer est, par la loi, placé sous le contrôle de
« mon ministère.

« Le vote de la loi des retraites, que mon prédécesseur
« et ami Barthou a si brillamment obtenu, a été pour le per-
« sonnel des chemins de fer une grande et légitime satisfac-
« tion. Elle impose aux compagnies comme à l'Etat des sacri-
« crifices considérables. Si, par cette raison même, l'amélio-
« ration du sort du personnel doit être poursuivie avec la me-
« sure qu'imposent des ressources qui ne sont pas indéfini-
« ment extensibles, ce n'est pas à dire, tant s'en faut, que ce
« problème doive être considéré comme résolu et rayé des
« préoccupations des pouvoirs publics et des compagnies.

« C'est une de mes pensées favorites que, dans toute entre-
« prise, le personnel doit être appelé à mesurer par lui-même
« l'étendue des améliorations réalisables, et à proportionner
« ses demandes aux possibilités.

« Sans méconnaître à aucun degré la sollicitude des hauts
« fonctionnaires des compagnies pour leurs collaborateurs,

« j'ai estimé qu'il était de l'intérêt de tous que des rapports
« plus étroits et mieux réglés fussent, à l'exemple de ce qui
« se passe sur le réseau de l'État, institués entre les uns et les
« autres.

« J'ai entamé, dans ce but, des négociations directes avec
« les représentants autorisés des compagnies, et j'ai trop de
« confiance en leur prudence, en leur sagesse, en leur compré-
« hension des nécessités et des intérêts des grandes affaires
« à la tête desquelles ils sont placés, pour douter que nous
« arrivions sous peu à un accord.

Les mines.

« Il est d'autres entreprises qui, en même temps que du
« ministère du Travail, dépendent de mon département : je
« veux parler des mines.

« Si en créant le ministère du Travail on lui a naturelle-
« ment remis le soin de toutes les questions ouvrières, il n'en
« demeure pas moins que le ministre des Travaux publics est
« appelé, dans une collaboration qui ne pourra jamais être
« plus agréable ni plus aisée qu'en ce moment, à résoudre,
« d'accord avec son collègue, les problèmes qui touchent en
« même temps le sort de la concession et celui du personnel.

« En arrivant boulevard Saint-Germain, j'y ai trouvé po-
« sée une question dont la solution ne peut être plus long-
« temps différée : les demandes de concessions sont pendantes,
« qui intéressent la mise en valeur de nos richesses minières
« de Meurthe-et-Moselle.

« Il m'a paru, et mon ami Viviani a partagé cette façon
« de voir, que si nous n'avions pas le droit de retarder indéfi-
« niment l'exploitation de ces gisements, c'était par contre
« notre devoir, au moment où nous allions instituer une
« nouvelle propriété dont l'avenir seul ferait exactement
« connaître la valeur, d'appeler à y participer ceux-là mêmes
« qui en mettront au jour les richesses. Le Parlement, j'en
« suis convaincu, sera d'accord avec nous pour, régularisant
« une procédure en fait suivie depuis plusieurs années, per-

« mettre d'imposer aux concessionnaires des conditions d'in-
« térêt général, et notamment d'instaurer dans l'exploitation
« des mines, soit sous la forme, préconisée par notre ami
« Briand, d'actions de travail, soit sous toute autre, la parti-
« cipation des travailleurs aux bénéfices qu'ils ont eux-
« mêmes, pour une part, contribué à produire.

Les réformes sociales.

« Cette participation du personnel à la marche de l'en-
« treprise où il est employé, à ses bénéfices, cette traduction
« dans les faits de la solidarité des classes, ne me paraît pas
« désirable seulement au point de vue de l'équité, mais, plus
« encore, dans l'intérêt de la paix sociale et de la prospérité
« nationale.

« L'accord entre les collaborateurs d'une même œuvre est
« une condition essentielle de son succès. Pour saisir sur le
« vif un exemple que chacun de nous est à même de rencon-
« trer tous les jours sur sa route, est-il normal, est-il toléra-
« ble que la grève, c'est-à-dire la guerre, soit en permanence
« dans la cité, et qu'on ne puisse creuser un trou dans Paris
« sans être obligé de placer à côté deux agents pour le sur-
« veiller?

« C'est l'intérêt des ouvriers, autant et plus que celui des
« entrepreneurs, c'est l'intérêt du public que notre législa-
« tion mette enfin un terme à une situation qui a trop duré.

« Le contrat collectif de travail, que la commission de la
« Chambre que j'avais le grand honneur de présider créé par
« le projet qu'elle a depuis plus d'un an rapporté, constitue
« le premier élément de cette législation nouvelle; il n'est
« pas le seul. Dix années écoulées ont confirmé en moi la
« conviction qu'avec Waldeck-Rousseau j'avais formulée en
« 1900 dans le projet qu'on a baptisé du nom, d'ailleurs
« inexact, de « projet d'arbitrage obligatoire. »

« Il y a quelques jours, je rencontrai à Berne, parmi les
« délégués de l'Union postale universelle, un éminent minis-
« tre du Canada, l'honorable M. Lemieux, qui me disait quels

« bienfaits son pays retire de l'application d'une loi analo-
« gue, dont il est l'auteur et qui porte son nom.

« L'organisation ouvrière, l'arbitrage, le contrat collectif
« de travail, l'introduction successive dans nos lois des assu-
« rances sociales, au premier rang desquelles les retraites
« ouvrières et paysannes que Viviani fera demain adopter
« par le Sénat : autant d'éléments indispensables de cette
« paix sociale sans laquelle il n'est ni prospérité, ni réforme.

« Oui, je ne me lasserai pas de le redire : les réformes
« sociales coûtent cher et pour en porter la charge il faut
« un pays prospère.

« Réformes sociales, prospérité nationale, ce sont les
« deux faces d'une politique vraiment républicaine.

La prospérité nationale

« Nous ne nous contentons pas de dire, comme le ministre
« de la monarchie de Juillet : « Enrichissez-vous ! » ; une
« politique réduite à ce terme apparaîtrait, non sans raison,
« comme la plus basse des politiques, et la moins capable
« d'être comprise et suivie par un peuple aussi foncièrement
« idéaliste que le nôtre. Autrement élevée et large est notre
« conception !

« Depuis que j'ai été placé à la tête du ministère des Tra-
« vaux publics, j'ai tenu pour le premier de mes devoirs
« d'examiner par moi-même l'état de notre outillage écono-
« mique, de me rendre compte sur place des besoins et des
« ressources de nos grands ports. La mise au point de cet
« outillage, son amélioration incessante nous sont, en effet,
« indispensables, si nous voulons sortir vainqueurs de la lutte
« économique si âpre et si intense qu'il nous faut soutenir
« contre nos rivaux.

« Eh bien, j'ai eu la vive satisfaction de constater par-
« tout où je suis allé, au Havre comme à Saint-Nazaire,
« comme à Nantes, comme à Rouen, comme à Dunkerque,
« un esprit d'initiative, une ardeur au travail, un désir de
« progrès qui ne m'ont pas surpris, mais qui m'ont haute-
« ment réconforté.

« J'ai vérifié cette vérité, dont je ne doutais pas, que
« notre pays est plus riche qu'on ne saurait le supposer en
« ressources de toute nature et que les bonnes volontés y sont
« inépuisables. Le gouvernement doit tout faire pour les ai-
« der, les unir et en tirer tous les résultats utiles que le pays
« en peut attendre.

« C'est à leur permettre de se grouper et d'agir efficace-
« cement que tendent tous nos efforts et le projet sur le ré-
« gime des ports maritimes de commerce ou, comme on dit,
« sur l'autonomie des ports, n'est que la première et la plus
« éclatante manifestation de la volonté bien arrêtée à cet
« égard du gouvernement.

« Quand il s'agit de ces grands intérêts économiques, tout
« comme lorsqu'il est question de la défense du pays, toutes
« les dissensions politiques peuvent et doivent se taire et tous
« les partis s'unir dans un commun effort de tous les bons
« Français vers la prospérité et la grandeur de leur pays.

« Est-ce un rêve? Pour ne citer qu'un exemple, j'ai vu à
« Nantes cet accord complet se faire et tous les partis oublier
« ce qui les divise pour se concerter en vue de la défense et
« du développement des intérêts de leur ville et de leur port.

« Pourquoi donc nous serait-il défendu de chercher à
« réaliser dans tout le pays et pour le même but l'union qui
« s'est faite sur un point du territoire?

« Pourquoi tous les partis, gardant, c'est leur force et
« leur honneur, leur idéal particulier et leurs conceptions
« propres, seraient-ils incapables de subordonner leur action
« au souci des intérêts généraux de la patrie?

« La France avant tout » : c'est une devise qu'il n'est per-
« mis à aucun parti de désavouer.

La réforme électorale.

« Si le discours de Périgueux a eu dans le pays tout entier
« un si légitime et si profond retentissement, c'est qu'il ré-
« pondait au vœu unanime de l'opinion, c'est que les mots
« de détente et d'apaisement qui en forment comme le thème
« étaient dans l'esprit, comme ils sont maintenant sur les
« lèvres de tous.

« Qu'on ne s'y trompe pas et qu'on ne croie pas que nous
« nous y trompions; non, il ne suffit pas de bêler aux loups
« l'apaisement pour les transformer en agneaux. Il n'est pas
« nécessaire d'avoir longtemps fréquenté les coulisses de la
« politique pour être à l'abri de cette illusion. Mais ce serait
« commettre une autre erreur non moins naïve, et plus redou-
« table, parce qu'il   t en tous les partis de mauvais bergers,
« qui ne vivent que de haine et de division, de tomber dans
« leur piège et de servir leurs desseins en perdant de vue le
« rôle essentiel du gouvernement, qui est de favoriser le dé-
« veloppement moral et intellectuel du pays et sa prospérité
« matérielle dans le calme et dans la paix.

« Sans doute des hommes de désordre et de violence, de
« quelque parti qu'ils se réclament, peuvent, à la faveur des
« circonstances, susciter des émotions passagères et des
« troubles d'une heure : c'est affaire au gouvernement d'y
« parer, avec le sang-froid et la fermeté tranquille qui doi-
« vent marquer son action. De telles violences ne devien-
« draient redoutables que le jour où elles trouveraient un
« aliment, pour ne pas dire un encouragement, dans le mé-
« contentement populaire.

« La République n'a rien à redouter que des fautes de
« ses partisans.

« Il en est une contre laquelle en terminant je voudrais
« mettre en garde tous les républicains, et plus particulière-
« ment nos amis du parti radical et radical-socialiste.

«   Voici trois ans passés, en 1906, j'inscrivais dans le pro-
« gramme électoral que je soumettais à votre approbation la
« substitution au scrutin d'arrondissement du scrutin de
« liste et de la représentation proportionnelle.

« Il y a un an, à Bordeaux, j'instruisais, trop faible-
« ment après tant d'accusateurs illustres, le procès de notre
« régime électoral. Il a été refait hier à Périgueux avec
« tant de mesure et de force à la fois par ce prestigieux ora-
« teur qu'est le président du conseil, qu'il serait en vérité
« superflu d'y revenir.

« Oui, il est temps et grand temps de faire passer à tra-
« vers « ces petites mares stagnantes et croupissantes » dont
« parlait l'autre jour Briand, le grand courant purificateur

« qui doit enfin entraîner pour jamais loin de nous les pro-
« cédés détestables, jadis réprouvés avec tant de véhémence
« et de raison par notre parti chez nos adversaires.

« La question du mode de scrutin est vitale pour l'avenir
« de notre pays.

« A coup sûr, le scrutin de liste, même avec la représen-
« tation proportionnelle, n'est pas une panacée. Je ne con-
« nais que les charlatans pour débiter des panacées. On ne
« se trompera pas pourtant en affirmant que rien de décisif,
« ni même simplement d'utile, ne sera fait au point de vue
« de l'organisation administrative et judiciaire de ce pays,
« qu'il ne pourra même pas être question d'améliorer des
« mœurs politiques que personne ne défend plus, tant que
« subsistera le scrutin de clocher.

« En se formant, le nouveau cabinet s'est donné pour
« programme, selon la forte et juste parole de son chef, de
« remettre les choses et les hommes à leur place, de donner
« à l'intérêt général le pas sur la tourbe des intérêts privés.

« Nous avons convié tous les républicains à entrer dans
« cette ligue du bien public. Nous ne doutons pas de leur
« réponse et votre député croira avoir acquis un nouveau
« titre à votre confiance en collaborant, pour sa modeste part,
« à cette entreprise urgente que commandent impérieusement
« les intérêts inséparables de la France et de la République.

(Vifs applaudissements.)

*Une ovation est faite au citoyen Millerand, que tous ses
amis du Parlement félicitent chaudement.*

73

www.ingramcontent.com/pod-product-compliance
Lightning Source LLC
Chambersburg PA
CBHW051212050726
47594CB00007B/3185